JN436290

문풍지 사이로 바람 들면
어머니는 풀을 쑤셨다
드는 바람을 막으며 세월도 막고자 하셨다.

김 오 순 시집

날개 없는 나비

지식과사람들

시인의 말

문풍지 사이로 바람 들면
어머니는 풀을 쑤셨다
드는 바람을 막으며 세월도 막고자 하셨다.

"오메! 징그런 세월……."
창호지에 풀 먹이며 하시던 어머니 탄식이
감나무에 걸려 홍시 하나 툭 떨어지면
세월이 잠시 멈추는 듯 했다.

어머니 명주 저고리처럼 구절초 하얗게 핀
가을 모퉁이를 돌아 산소 가는 길
"아가! 물팍 아프제? 인자 자주 안 와도 괜찮혀."
꿈결처럼 들리는 어머니 목소리

눈물인지 콧물인지
그리움 주르륵 떨어져 세월의 무게를 적셔도
세월은 멈추질 않네.

"엄마! 날개 좀 달아줘.
날아다니게."

2019년 만추의 오후에
백향(白香) 김 오 순

■차 례

제1부
시인이 부르는 노래는 슬프다

아직도 모르지 시인이 부르는 노래는 왜 슬픈지

제2부
갈대로 붓을 삼고

개펄을 먹물 삼아 걸쭉한 시 한 수 읊어야 하리

■차 례

제3부
달빛아래 소금처럼 빛나는

햇살 바람 눈 맞춘 자리 붓끝에서 번지는 물감이 곱다

제4부
꽃이 피는 것에 대하여

은은하고 고귀한 목련꽃 향기 꿈결처럼 나부끼고 있다

제1부

시인이 부르는 노래는 슬프다

아직도 모르지
시인이 부르는 노래는
왜 슬픈지

당신은 누구입니까

겨울 뜨락에
봄이 내립니다

달랑 하나
본향의 기억 움켜쥐고
대지의 자궁을 지나
싹 틔운 고사리 손

찰나와 영원에
소망을 두고
본향 회귀를 꿈꾸며
오롯이 사위어가는
외로운 이름

얼었던 대지를 깨우고
적빈의 하늘을 채우는
달달한 훈풍에
묻노니

당신은 누구입니까

너에게 하고 싶은 말

흔들린다고
피지 않는 꽃은 없다
힘들다고
피는 것을 멈추는 꽃은 없다
슬프다고
피었던 꽃잎
오므리고 우는 꽃은 없다

꽃은
그래서 더욱 아름답다
그래서 더욱 향기롭다
그래서 더욱 사랑스럽다

흔들린다고
힘들다고
슬프다고
너의 꿈을 포기하지 마라
너의 앞에 있는 잔을 채우고
꿈을 부딪쳐 건배를 외쳐라

어느덧 봄이 찾아왔구나
너의 봄이다

만약 당신이

만약 당신이
제 몸 우려
색을 내고
향기를 내는
결 고운 꽃이라면

나는
사람과 사람
마음과 마음 사이 이어주는
아름다운 무지개 꽃
인연이 되리다

만약 당신이
제 몸 태워
빛을 내고
열기를 내는
따뜻한 햇살이라면

나는
낮과 밤
밝음과 어둠 사이 밝혀주는
축복으로 타는 촛불
새벽이 되리다

시인이 부르는 노래는 슬프다

부용산이라는 노래가 있지
사랑하던 누이를 잃고 애달파 하던
오라버니의 슬픈 노래

어느 시인이 그 노랠 불렀지
마치 친누이를 잃은 것처럼
가슴이 찢어지는 아픔을
안으로 삭히며 온몸을 비틀며 불렀지

시인이 부르는 노래는
왜 이렇게 슬픈지

그 시절이 떠올라 슬픈지
그들의 처지가 딱해 슬픈지
그 노래에 시인이 젖어 슬픈지

종일 그 노래를 들으며
그날 그 환영에 빠져
나도 모르게 몸을 비틀고 있지
찢어진 가슴에 새살을 채우며
따라서 부르고 있지

아직도 모르지
시인이 부르는 노래는
왜 슬픈지

시를 낳는 밤

오로지 너 하나뿐이었다
사거리 신작로에
오도가도 못 한 채
영혼이 갇히고
꽃 뿌리 뽑힌 자리
눈물이 낭자해도
내 핏빛 그리움은
오직 너만을 갈망했다

베어 먹다 버린 사과처럼
외면당할지라도
다무락에 늘어진
고구마 줄기의 흐느낌을 들으며
그 서러운 고샅길에
내 슬픔을 묻고 싶었다

작달비 내리는 밤이면
자꾸만 오그라드는 심장을
이른 새벽의 이슬로 헹구고
밝아오는 햇귀에 펼쳐 널어
간밤의 외로움을 털어내고 피는
한 송이 목련이고 싶었다

덥석 잡은 너의 손이
수도 없이 뿌리치고 손사래를 쳐도

또다시 뜨거운 혀로 핥아가는
나의 열망은
무덤에서 나온 죽은 자가
다시 무덤으로 돌아가는 시간에도
두 손으로 머리를 감싸며
산짐승들의 울음소리를 들어야 했다

멀리서 개들이 짖어대고
잠시 정적이 머물다 돌아서는 새벽녘
내 심장 대신 오그라진 달이
탱자나무 가시에 걸려
노란 피를 쏟아내며 향을 토하면
어둠은 고목의 구멍으로 숨어들고
살아서 운행하던 나의 시는
밤새 훔쳐놓은 불면의 시간 위에
갇힌 영혼을 풀어놓고
불멸의 아침을 연주한다

바람

한순간 난
너에게 흔들렸었나 보다
이렇게 그리운 걸 보면

한순간 넌
나도 모르게
내게 머물렀었나 보다
이렇게 아픈 걸 보면

나도 몰래 내게로 와서
인연을 만들고
길고도 짧은 세월
있는 듯 없는 듯 머물러
나를 흔드는 바람

그 누가 바람을
걸리지 않는 자유라 했는가
이렇게
내 맘에 걸려
그리움 되어 있는 것을

그 누가 바람을
머물지 않는 나그네라 했는가
이렇게
내 맘에 머물러

헤어나지 못하고 있는 것을

아,
그대는
저 고요의 언덕에 부는
내 삶의 바람인 것을

벗어 버리세

벗어 버리세
가을이 오고 있지 않은가

힘들었던 여름을 벗어 버리고
새콤달콤 익어가는 향기와
모지랑이 되어가는 잎새들을
선물로 가지고 올
가을이 아니던가

주름과 흰머리 늘어
사위어 가는 몸일지라도
좌절이 아닌 희망으로
슬픔이 아닌 기쁨으로
풍성하고 견고한 열매를 위해
무거운 것들일랑 벗어 버리세

그대 가을이여
어서 오시게나
그리고
모든 것 벗어 버리고
나신이 되어 있는 이 육신에
그대 닮은
갈색빛 옷 하나
걸쳐 주시게

그리운 얼굴

그리운
고운 얼굴
찻잔 속에 그려두고

젖어든
눈망울에
멍이 든 아픈 마음

한 방울
눈물이 지운
그리운 너의 얼굴

그리운 어머니

산자고 피었다 진
초록의 잎새들 무성한 언덕
미나리아제비 애기용담
지상의 별이 되어 반짝이는
풀냄새 그윽한 풀밭 길을 걸어
어머니 산소를 찾아 갑니다

햇살이 따사로운 양지쪽
딸이 좋아하는
보랏빛 제비꽃 한가득
무덤 곁에 피워 두고
보고 싶은 딸을 기다리신
사월의 꽃 같은 어머니

지천에 흩뿌린 듯 피어 있는
하얀 민들레 홀씨를 불며
초롱한 눈으로 토끼풀을 헤쳐
네 잎의 행운을 찾았다고
할머니를 부르며 자랑하는
저 천진스런 당신의 핏줄들

어머니 보고 계십니까
올해도 어김없이 골담초꽃
줄줄이 흐드러집니다
행여 자식들 무릎 아플까

약으로 달여주시겠다며
손수 심어 가꾸시던 그 정성

어머니 그립습니다
산야의 온갖 어린 순에서
어머니 향내가 납니다
봄기운 가득한 나물들을 뜯어
봄나물은 약이라며
된장 참기름에 무쳐주시던
어머니 손맛이 사무칩니다

어머니
어머니
그리운 내 어머니

보리밥

보리밥은 미소다
꽁보리밥 물 말아 드신 후
힘없이 나오는 피실 방귀에
부끄러워 수줍게 웃던
울 엄마의 미소다

보리밥은 사랑이다
줄줄이 자식들 먹이려고
드시던 밥 반 공기를 남기고도
배부르다 억지 트림하는
울 아버지 사랑이다

보리밥엔
학독에 엎드려
보리쌀 가시던
울 엄마의
하얀 속살이 보인다

보리밥엔
꽁꽁 엔 보리밭
힘들여 밟고 오신
울 아버지
구멍 난 발꿈치가 보인다

아, 아름답다

어머니의 신발

한때는 토방 마루 가득하던 신발들도
장성한 주인 따라 뿔뿔이 흩어지고
고향엔 두 외로움만 덩그러니 남았네.

삼베적삼 갈아입고 소풍 가신 울 어머니
찬바람 불어오면 신발 없어 어이할꼬
토방에 어머니 신발 그대로 두고 갔네.

큰딸이 사 준 신발 자랑하고 아끼느라
신어서 닳기보다 닦아서 더 닳더니
마당에 외로움 털고 딸집으로 따라왔네.

신발장 열 때마다 눈에 밟힌 그 신발
꺼내놓고 신어보니 눈물이 쏟아지네
어머니 딸이랑 같이 공원에 놀러 가요.

이불 홑청을 꿰매며

어설픈 바느질
한 땀 한 땀 시치는 모양이
길었다가 짧았다가 제멋에 겨웠다

세월만큼 남루해진 누런 솜을
아직 버리지 못함은
할머니의 바다가 거기 있기 때문이다

시월의 하늘처럼 넓은 목화밭에
몇 날 며칠을 오가며
구름을 걷으시던 할머니

하늘로 날아오를까
꽁꽁 싸맨 구름을 시렁 위에 두고
밤마다 손녀딸 시집가는 꿈만 꾸다
싸맨 보자기 풀어보지도 못하고
하늘나라 가신 할머니

시렁에서 내려온 구름이
하얀 바다로 풀어져 배를 띄우던 날
새각시가 된 손녀딸은
할머니 꿈을 꾸며
십장생 수놓아진 용궁에서 단잠을 잤다

눈앞에 출렁이는 할머니의 바다

어설픈 바느질에
붉은 꽃 떨어져 스며도
내가 지키고 싶은 바다
할머니의 사랑 유영하는 바다

밤을 주우며

내 어릴 적
가을에는
아버지 호주머니에서
밤이 빠졌다

아버지 사랑과 함께
양푼에 후두둑 쏟아지며
화수분처럼 빠지던
탱글탱글 윤기 나던 밤

밤을 줍다가
가슴으로 떨어진 밤
아버지 그리움에
눈물 가시로 박혔다

문풍지를 발라야겠다

오빠 혼자 살아가는
고향집 황토방에
질긴 천으로 바른 문풍지가
세월을 견디지 못하고
바람이 불 때마다
문을 여닫을 때마다
내 몸처럼 콜록거린다

문을 열어젖히고 마루에 앉으니
밀가루 풀 쑤어
문풍지를 바르시던
어머니 생각이 난다
그 순간 다녀가신 듯
싸해진 콧등 위로
금목서 향기 황홀하게 감돌아
온몸을 두른다

문풍지를 발라야겠다
금목서 향기 배도록
그날에 또 울 어머니 다녀가시겠지
당신 피붙이들의 어깨를 토닥이며

해 질 녘
금목서 향기에 취해
가을이 비틀거린다

시(詩)를 쓰는 이유

내게 그리움을 주고
외로움을 준 당신 때문에
나는 시를 씁니다

내게 사랑을 주고
기다림을 준 당신 때문에
나는 또 시를 씁니다

그리움도 외로움도
당신 아니면 없고
당신 아니면
그립고 외로운 시 없을 것입니다

사랑도 기다림도
당신 아니면 없고
당신 아니면
사랑과 기다림의 시 내겐 없을 것입니다

오직 당신이 있어
내 마음에 시가 있고
오직 당신이 있어
나는 마음 풀어 시를 씁니다

오늘도 나는
그립고 외롭고 사랑하고 기다리며

마음 한켠 소중히 보듬어 둔
당신을 노래하는 시를 씁니다

날개 없는 나비

아이야
낙엽은 나비란다
바람 따라 나무에서 떨어진
날개 없는 나비
그러니
날개 없는 나비 하나 주워다
책갈피에 넣어두렴

얼마큼 계절이 흐른 뒤
우연히 책장을 넘기다 발견한
빛바랜 나비가
너의 추억에 날개를 달고
너의 꿈에 날개를 달아
훨훨 날갯짓을 할 거란다

하니, 오늘은
날개 없는 나비 한 마리
집으로 데려가
책장을 넘기며 꿈을 품으렴
책갈피에 잠재우고 잠을 청하렴

꽃과 그녀

꽃을 좋아하는 그녀
온종일 꽃과 함께 산다
꽃양귀비 그려진 그릇에 밥을 먹고
흙장미 그려진 머그잔에 커피를 마신다
모란꽃 쟁반에서 과일을 깎고
자목련 핀 접시에 과일을 먹는다

꽃들이 피는 정원에서
하늘나라 꽃이 되신 어머니의 유품
붉은 장미 수북한 꽃양산을 받쳐 쓰고
꽃구경을 하며
꽃시집을 읽고
꽃시를 쓴다

뜨락이 넘치도록
온갖 화초를 들여놓고
꽃속에 묻혀 잠이 들면
꿈속에서도 꽃을 본다
꽃이 되신 어머니꽃

연리지

인연은
어디서부터 오는가

서로 다른 뿌리
두 가슴으로 태어나
한 사랑을 품은 거룩한 나무여

그리워 그리워하다
굽은 나무 되어
장작불에 사위어갈지라도
포기할 수 없는 운명의 날갯짓이여

애틋한 연분의 줄
서로 끌어당겨
가슴에 남은 불씨 하나
뜨겁게 지피고
끝끝내 하나가 된
사랑의 몸짓이여

오직
둘이서 하나여만 하는
사랑의 결실
연리지

그 사랑이여

무진 벌 임 마중

임이 오셨다
순천만 무진 벌에
무진을 노래하던 정든 임 오셨다
무진을 사랑하던 어여쁜 임 오셨다
성치 못한 칠순의 몸 이끌고
시월의 갈바람 타고
무진 여행 오셨다

밤을 새워 걱정하던 무진 벌
기어이 찬바람 몰아내고
따뜻한 햇살 안고 임 마중했다
순천만 수놓던 갈대들
은빛 융단 깔아놓고 임 마중했다
무진 벌 시인들
마음 한쪽 시(詩)밭으로 비워 놓고
임 마중했다

무진 벌이 우우 합창을 하고
갈대들이 사르르 고개 숙인다
임이여 부디 건강하소서
순천만 정원 손수건에
기원 담아 선물했다
임의 미소
가을 햇살처럼 따사롭다

십일월, 그 첫날의 단상

동양화처럼 포근한
시월 앓이의 흔적들이
커튼처럼 은은히 드리워진
십일월의 첫날 아침

가슴에 채우다가
미처 챙기지 못해 흘린
시월의 추억들이
현관에서 주인을 기다리는
이백사십 등산화 속에서
마법사의 호리병처럼 끝도 없이
행복했던 순간들을 이야기 한다

이제는
십일월의 추억을 채울 시간
이백사십 등산화 속
시월의 이야기를 비우고
문신처럼 얼룩진
흙먼지를 닦아낸 자리
십일월의 이야기를 엮듯
등산화 끈을 꿰어 지긋이 묶는다

자, 이제 떠나자
가을이 더욱 선명해진
단풍나무 숲으로

그대의 고운 손을 잡고
십일월의 이야기를 지으러
소풍을 떠나자

하늘나라 편지

무슨 할 말이 저리 많아
밤을 새워 편지를 쓰실까
봉투도 우표도 주소도 없이
하염없이 내리는
저 하늘나라 편지
그리움 하나둘 하얗게 내리는
하늘나라 활자들
지상을 덮고 공간을 덮고
시간까지 덮어
온 세상을
새하얀 도화지로 만드신다
너희도 하고픈 말 쓰라며

성하의 밤

하늘과 땅 사이
구름 기둥을 세운 듯
울창한 빛이 쏟아져 내리는
오묘한 지리산 자락

차가운 뱀사골 물줄기 따라
사방으로 뻗친 나무들의
울창한 아우성을 달래며
가슴 열어 젖을 물리는 큰 산

훌훌 벗어 던진 가식들
바위 위에 늘어져 오그라들고
계곡을 채우던 울창한 웃음
밤하늘의 별이 되어 반짝이는
성하의 밤

자, 잔을 들어 건배하자
우리의 울창한 사랑을 위하여
우리의 울창한 미래를 위하여

백련꽃 차를 마시며

참으로 곱구나
이 고운 빛깔
이 고운 자태

살아서는
세상의 어둠을 흡수하여
찬란한 빛으로 승화하더니
죽어서는
제 몸 우려내
많은 이들의 가슴을 데우는구나

달처럼 차가운 연못과
태양처럼 뜨거운 물 사이가
찰나와 영원처럼
씨실과 날실처럼
서로 다른 듯 존재하며
하나를 이루는구나

오늘
거룩한 향기에 취해
순백의 청아함에 반해
어둠과 차가움을 씻어내고
빛과 따스함으로 채우는 밤

세상은 온통

꽃잎이구나
꽃향기구나
끝도 없는 환희로구나

백련꽃 차를 마시며
나는 너와
천년의 사랑에 빠졌구나

스밈

하루
또 하루 스며
달을 채우고

한 계절
또 한 계절 스며
세월을 엮나니

우주가
우리 삶에
스며 있음이여

사랑도
두 맘이 스며야
꽃 피는 것을

그 여인

호수의 물빛이 여여하다
살아온 반백 년 세월이 무색하게
생의 무상함을 보여주는 낙엽의 결정체
발밑에서 신음한다

추월산을 빙 둘러 에돌아 껴안은
담양호는 알까
그 옛날 한 여인의 곡진한 삶을
공양미 머리에 이고
험한 산길 기도로 걸으며
보리암을 찾아 촛불 밝히던
가냘픈 여인의 고귀한 삶을

여인은 가고 없고
담양호는 말이 없다
그저 머물고 싶어 찾은 이 곳
자연이 베푸는 융숭함에 젖을수록
그 여인이 그립다

오늘은 십일월 열아흐레
그 여인
내 어머니의 어머니
이 세상에 손 흔들고
나풀나풀 나비가 되어 날아간 날

몽돌 해변에서

동글동글 반질반질
모나지 않은 돌들이
발밑에 따사롭다

청년 아들 앞에 선
중년의 가장은
맘에 든 돌을 주워
물수제비를 뜬다

핑, 핑, 핑…
물 위를 튕겨 나가던
납작한 몽돌이
아쉬움을 안고 가라앉는다

떠오르는 옛 시절
그 추억을 뒤로하고
아들에게 돌을 건넨다
"아들, 한번 해 봐"

아들이 웃으며 세월을 던진다
해풍에 닳고
파도에 닳은 수십 년이
눈앞에서 사라진다

그게 세상이라고

몽돌이 가르쳐 준다
그게 인생이라고
바다가 외친다

구도의 길에도 그리움은 있나니
-선암사 승선교 용머리 위를 걸으며

그대가 나를 불렀네
그대가 나를 세웠네
강선루 앞에서 걸음을 멈추고
뒤돌아 그대를 보았네
승선교 아래 내려앉은 산 그림자
그 품에 어른거리는 그대의 용안을
애써 허리를 굽혀 마주했네

금방이라도 스르르 나와
선암사 경내를 휘이이 돌며
뜨거운 입김 불어 무지개를 띄우고
잠시, 삼인당에 식힌 여의주
연못 가운데 불쑥 심어
붉은 꽃무릇으로 피워낼 그대여

불법을 수호하고 사악함을 물리쳐
부처의 세계로 가는 중생을 도와
극락으로 인도하는
승선교 용머리 그 위를 걷노라니
호암대사 월천공덕 살아 숨 쉬네
원통전 관음보살 합장하네

수백 년 걸고 지킨 동전 한 닢은
무엇을 말하고자 함이런가
무엇을 깨닫고자 함이런가

시주를 받아 불사하고 남은 작은 금품도
허투루 쓰지 않는 사찰의 청빈함이여
부처의 율법을 귀히 여긴
도솔천 미륵의 자비함이여

구도의 길에도 그리움은 있나니
천불전 앞 와송의 솔잎 수 만큼
누구도 어찌하지 못하는 그 그리움
중생의 가슴 속 목탁 소리로 번져
고요히 승선교 용머리를 스쳐가네

자화상

마흔 넘어 얻은
막내둥이 재롱에
내가 나라는 걸 잊고 살았다

어머니 잃고 절뚝발이 되어
서툰 걸음걸이 옮기다가
어느 날 문득
거울 앞에 서 있는
이방인 같은 나를 보았다
어제와 닮아 있는 나지만
절대 어제일 수 없는 내가
거기 있다

늘 내 맘속에
액자처럼 존재하던
살아생전 내 어머니의 모습이다

세월 가는 줄 모르고
철부지처럼 기대고만 싶었던
젊은 어머니의 모습에서
한참을 멈춰버린
나의 고장 난 시계가
세월을 훌쩍 뛰어넘어
이제야 다시 돌아가고 있다

광활한 우주
어디에도 없는 어머니 대신
어머니 모습으로
나는 지금 거울 앞에 서 있다

등 돌린 검은 숲 사이를 헤집고
하얀 시간 하나 둘
한겨울 서릿발처럼 일어나
세월의 강 따라 흐르고 있다

제2부

갈대로 붓을 삼고

개펄을 먹물 삼아
걸쭉한 시 한 수
읊어야 하리

사금파리

한때는 너도
기품 있는
찻잔이었지

추억의 그 옛날
따뜻한 온기
매일 같이 품던 날

앵두처럼 붉던
그녀의 입술
아직도 못 잊어

꽃밭에 앉아
꽃물 바르는
저 사금파리

아슴찮은 날

봄비인지
겨울비인지
애매한 비가
온종일 치럭치럭 내린다

날씨 따라
기분마저 까무룩한 날엔
고무줄처럼 늘어진 몸이
그새 해를 그리워한다

날마다
아슴찮은 날의 연속이건만
늘 간사한 우리 몸

설핏한 마음
내리는 빗물에
말갛게 헹구고
정갈한 맘으로 되뇌인다

아슴찮다 아슴찮다
참, 아슴찮다

음악은 흐르고

이대로 있어야겠다

가슴엔
하늘을 담고 시를 담고
그로 인해 타버릴 나를
그로 인해 터져버릴 나를
나무 그늘에 주저앉히고
그냥 이대로 있어야겠다

블루세이지
낮달처럼 야위어 가는 한낮
지난가을
우리가 앉았던 그 벤치로
설핏 바람은 그리움처럼 스쳐 가고
내 시선은
자꾸만 텅 빈 벤치에 머문다

그 가을이
이제 우리에겐 없는 것인가
음악은 흐르고
그리움의 바람은 부는데
매미는 저리도 슬피
서로를 찾아 우는데
우리는 왜 그리움을 외면하고
각기 다른 곳을 보고 있는가

혼자서 마시는 캔커피가
유난히 쓰다

문화의 거리에서

가을이
한 잎 두 잎 떨어지는
금곡동 밤거리에
해설픈 고독이 깔렸다

성하의 계절에도
꿋꿋하고 도도하던
한옥글방 뒤뜰의
빨간 백일홍이
가을의 해질녘 한기에
시름없이 고개를 떨군다

꿈과 낭만이 가득한
문화의 거리에
영혼을 포개어 지은
시인의 노래가
낭송의 날개를 달고 날아
가을밤을 수놓는다

금곡동 밤거리를 휘감던
해설픈 고독이
점점 짙게 물들어가는 시간
알알이 영글어 가던 은행이
시인의 발등 위로
눈물처럼 떨어진다

착각

세월의 수레바퀴
돌고 돌아가는 길에
상기도 쉬어가라
손짓하는 낯선 임아
이내 몸
멈추어 선들
세월도 멈추던가

서로가 맺은 인연
얼마나 이어갈까
쉬온 임 늘 그렇게
정인 듯 쉽게 주고
흰여울
흐려만 놓고
나 몰라라 떠나가네

인간사 모든 것이
귀환회로 연속인 걸
여우별 뒤만 보고
아쉬워 울던 임아
한바탕
놀이마당을
다솜이라 착각말게

시시(詩時)한 가을

가을엔
떠나야 하리
섬섬한 갈대밭
그 숲으로

갈대로 붓을 삼고
개펄을 먹물 삼아
걸쭉한 시 한 수
읊어야 하리

구르는 낙엽도
그대로
시가 되는 계절

오, 시시(詩時)한 가을

시낭송

떨림의
그 순간
나래를 활짝 편다

줄줄이
튀어나와
가슴으로 박힌다

두둥실
떠오른 시어
숨결로 흩어진다

추억 줍기

여기일까 저기일까
다정히 손을 잡고

나란히 걸터앉아
바라보던 그 바닷가

바위는
어디로 갔나
말이 없는 바다여.

추억은 아스라이
바다 위에 출렁이고

파도에 작아지는
해질녘 추억이라

조약돌
매만져가며
줍고 있는 추억아.

거문고

괘를 누르는 손가락을 타고
온몸이 부르르 떨면
검은 학이 나래를 편다

술대로 현을 뜯어
튕겨져 나간 가락은
깊고 장중한 선비의 기상으로
여인의 마음을 훔친다

용두와 봉미 사이에서
신묘의 음이
명주 줄에 올라 춤을 춘다

물아일체

너도 없고
나도 없다

눈에 보이는 건
그저 허상이다

고요 속에 갇혀
옴싹달싹 못 하는 나

무위자연
물아일체의 경지

우주 삼라만상이
거기에 머문다

낚싯대 드리우고

청명한 날
저 멀리 산을 두고
하늘인지 바다인지
서로 물들인 쪽빛 향연
은빛 비늘 세운 고기떼
원을 그리며 미끼를 맴돌고
낚싯대 삼매경에 드리운 세월 따라
파닥파닥 심장이 고동친다
낚는 자와 낚이는 것들의 상반된 비명
그새 번지는 비린내
바다가 멀미를 한다

다육을 들여놓고

너희를
떨게 하고
나 어찌 잠을 잘까

찬비에
고운 얼굴
파르르 얼었구나

들여와
보고 있자니
내 마음이 오지다.

첫눈이
내려앉은
고요히 잠든 아침

얼었던
가슴 녹여
오동통 웃는 얼굴

너희와
함께한 밤이
조청처럼 달았다.

솔낭구 그네

솔낭구 꼭대기에
보름달이 걸리고
매어둔 새끼줄 그네가
바람에 흔들리면

졸다 놀란 고요가
어둠을 깨우고
동산은 그새
대낮 같이 푸르렀다

갈래 머리 곱게 땋은
열 살배기 소녀는
땅을 박차고 하늘을 올라
달을 안고 내려왔다

아, 그네도 솔낭구도
사라진지 오래건만
휘영청 달 밝은 밤
고향의 뜨락에 서면

아직도
갈래머리 곱게 땋은 소녀는
솔낭구 그네를 타며
달 속에서 웃고 있다

억새 숲에서

한 무리 소녀들이 소풍을 즐기네
울긋불긋 복장으로 나잇살을 감추고
눈가의 세월 그림자 안경으로 가렸네.

한 줄기 바람이 억새 숲을 스치네
춤추는 억새 따라 소녀들이 나부끼고
깔깔깔 천진한 웃음 허공으로 흩어지네.

옛 동산 언덕에도 억새 숲 있었네
저녁놀 질 때까지 숨바꼭질 놀다 보면
둥근 달 억새꽃 따러 언덕까지 내려왔네.

지천명 지난 지금 그 언덕 그리워져
억새꽃 바라보며 옛 추억 더듬는 건
소소소 갈바람 불어 가슴이 시려서네.

황매화 피던 내 고향

내 고향 대나무밭 울타리에
환하게 빛나던 황매화가
눈에 선하게 그립다

그저 울타리거니
다정한 눈길 한번 주지 않다가
이따금 꺾어 빈병에 꽂아두던
그 황매화의 정다움

가슴에 그리움의 몸살을 앓게 하고
다무락과 함께 사라져버린 황매화는
지금 어느 정원에서 빛나고 있을까
누구의 꽃병에서 정답게 눈을 맞출까

그립고 또 그립다
영원한 나의 노스텔지어
황매화 별처럼 피던 내 고향

연등

밤비 내리는
낯설은 장흥 탐진강가
창밖에 달이 뜨듯
연등하나 소롯이 떠
고요한 물결 위
흔들리는 야경 따라
주마등처럼 흔들린다

연등 하나 걸어 두고
고락에 겨운 주름진 손
빌고 비는 임이 보인다
연등 하나 불 밝히고
메마른 고운 입술
기도하는 임이 보인다

켜켜이 쌓인 세상의 먼지
말갛게 씻어 주고
크게 눈떠 들추지 않으시는
자비하신 임을
그리운 나의 임은
연등하나 불 밝혀 걸어두고
백팔번뇌 참회하며 기도하며
복을 지으셨다

홀로 그리움에 젖어가는

탐진강도 잠이 든 깊은 밤
여전히 비는 내리고
밤새 비를 맞은 연등이
한 겹 두 겹 어둠을 거둬내며
새벽을 열어 가신다
온몸 태워 불사르며
이 땅의 죄를 소제 하신다

크로버 동산에서

왈츠의 선율이
경쾌하게 울려 퍼지는
행복의 동산으로 가자
요한 슈트라우스가 되어

하얗게 벙글어진
막대사탕꽃들의 춤사위
벌떼들 합창소리
신명나는
달콤한 봄날의 향연

하나는 외로워서
둘이 하나로 엮어
행복을 약속하며 채워주던
그날 그 추억의 꽃시계

이따금 섬광처럼 스치는
행운이 눈부셔도
잔잔한 꿈물결로 다가오는
더 소중한 행복

사분의 삼박자 리듬으로
왈츠가 되어
성경책 속의 책갈피로
선물이 되어

결국
세잎 크로버의 행복으로 날갯짓 할
하여, 더욱 행복에 겨운
행운의 네잎 크로버여

순천만 정원 연가

순천만 정원을
나 홀로 가는 일은
간밤에 불러준
너의 노래가
아직 끝나지 않아서이다

세월의 이끼 낀
육백 년 팽나무 가지를 흔들며
호수 정원 위를 나는
그리움의 날갯짓이
아직
나를 설레게 하여서이다

순천만 정원을
나 홀로 걷는 일은
오늘인 듯 내일인 듯
아니 어제인 듯
늘 그 무엇인가
날 불러서이다

보랏빛 리아트리스
그 고결한 고집쟁이
목덜미 길게 빼고
층층이 꽃대 올려 가며
이제나 저제나

나를 기다려서이다

순천만 정원을
나 홀로 품어 가는 일은
지그시
아주 담담하게
나를 비우기 위해서이다

저 심연 깊숙한 곳
타오르는 불꽃 되어
오롯이
한결같은 마음으로
그대를 바라보려 함에서이다

관방천의 추억

세월을 먹고 자란
관방천 나무 그늘
뛰놀던 그 자리에
시나브로 밤은 오고
미리내
흐르는 강물
띄워 보낸 조각 꿈.

몇 백 년 한자리에
이겨낸 모든 풍상
푸르른 꿈을 안고
오가던 지난 세월
나무는
다 보았겠지
가뭇없는 인간사.

관방천 돌다리에
드리운 달그림자
영산강 근원 이뤄
유구히 흐른 물결
달빛은
그대로인데
인걸은 가고 없네.

일찍이 와온의 노을을 사랑하였다

정열을 사르며 하얀 별을 잉태하는
부겐빌레아를 사랑하듯
보랏빛 향기에 젖어 하얗게 녹아버리는
부룬펠지어를 사랑하듯
낮 붉혀 어둠의 부끄러운 고백을 외면하는
붉은 와인 빛 노을을 사랑하였다

노을 빛 물이 든
치맛자락을 늘어뜨리고
와인 잔에 빠진 노을을 마시는
처연한 남국 공주의 붉은 입술 같은
그 와온의 노을을 사랑하였다

노을 빛 그리움 하나 간직한 채
마지막 여정을 풀어 놓고
소라껍데기 관을 삼아 누워
스스로 제 몸을 묻는
그 와온의 앞바다 붉은 노을을
나는 일찍이 사랑하였다

모내기 전날의 단상

그 옛날
하늘 비 아니면
농사짓기 어려웠던
고향 땅 천수답

댐 덕에
이제는 무논이 되어
계곡 같은 물소리를 내고
호수처럼 달을 띄웠다

논 옆에 여섯 평
컨테이너 부스를 놓고
귀에 감기는 음악을 들으며
꿀맛 나는 따뜻한 밥을 먹고
뜨뜻한 매트에 몸을 누이니
이보다 더 좋을 수가 없다

옆에 함께 있는 소중한 사람
숨결을 세며
개구리 합창 소리
물줄기 내달리는 소리
자장가 삼아
달콤한 잠에 빠지고 싶은 밤

논 위에 뜬 달

밤새 우리를 지키려
밤공기 차가운 호수로 내려와
별들을 초대해
풍요 파티를 한다

내일 아침
달 가루 별 가루 쏟아진 논에
초록빛 어린 물결
아장아장 줄 맞춰
소풍 오겠다

선암사 하늘

하늘이 나인지
내가 하늘인지
풍덩
그 하늘에 빠져버린
내 육신

순간
육신의 무게만큼
선암사 경내로
쏟아지는
물보라

대웅전 앞마당
가릉빈가
국태민안 소원 성취
합장한 날개 손에
하늘 물기 맺힌다

화엄법계[華嚴法界]

화엄사 각황전 홍매 앞에
고매한 향기 찾아 날아든
벌떼들의 아우성이
있기도 하고 없기도 하며
없는 것도 아닌
화엄법계의 진풍경을 이루었다
찰칵찰칵
저마다 치명적인 침 하나씩
무장하고 와서
연신 쏘아댄다
홍매의 눈부심에
한쪽 눈이 멀어버린
황홀한 애꾸눈들의 향연
윤회의 흐름에 빨려가는 사바의 세계
나무아미타불 관세음보살
깊이 살피고 간절히 돌아보라 이르는
홍매의
삼백 년을 넘나드는 세월이 검붉다

제3부
달빛아래 소금처럼 빛나

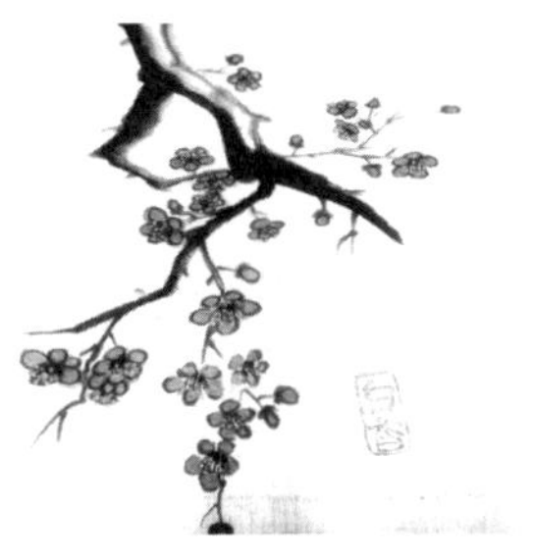

햇살 바람
눈 맞춘 자리
붓끝에서 번지는 물감이 곱다

겨울밤

시린 밤
시린 하늘
달이 타고 있다
별이 타고 있다

고향 집
황토방을 데우는
아궁이 속 장작불처럼
앙가슴을 데우며
그리움이 타고 있다

시린 밤
시린 하늘
달이 되고
별이 되어
알알이 박힌 타는 그리움

시린 밤을 녹이며
시나브로
초승달이 타고 있다

시린 하늘 녹이며
온새미로
미리내가 타고 있다

봄의 죄

애써
너를 외면하고
눈을 감는다

여인의 마음을
송두리째 흔들어 놓고
언제 그랬냐는 듯
훌쩍 가버릴 너

여심을 서리한
너의 죄를 따져
구속하느니
차라리
눈 감을 수밖에

겨울비는 내리고

까무룩한 하늘빛이 우울하다
어느 여문 구름이 태양을 삼켰을까
거실은 전등불 아래서
종일 더듬거리며 가쁜 숨을 쉰다

남향 유리창을 통해
길게 들어오던
겨울의 따스하고 밝은 햇살이
아슴찮게 느껴지는 날

왠지
어색하게 내리는 빗줄기를
이윽히 응시하며
나는 혼잣말을 한다
'차라리 눈이 왔으면. . .'

동장군을 피해 베란다로 들어왔다
다시 난간으로 내놓은 몇 개의 화초가
천수에 목욕하고 목을 축여
생기가 도는 것을 보며
이내 내 어리석음을 깨닫는다

어찌 날씨를 탓하랴
이른 비 늦은 비를 내려
세상 만물을 다스리시는

그분의 깊은 뜻을
피조물인 우리가 어찌 알랴

겨울비는 내리고
나는 비를 맞고
부끄러움 부풀어 피어오르는
한 송이 붉은 꽃이 된다

꽃샘추위

시무룩 젖은 아침
주인 없는 바람과 한편이 된
꽃샘추위
밤새 봄과 맞짱을 떴나 보다

봄이
설움에 겨운 눈물을
뚝, 뚝 흘리며
하늘 기둥을 세우고 있다

몇 번을 더 흘려야
철 따라
철이 들까
저 잔망스런 꽃샘추위

받쳐 든
꽃무늬 우산에서
눈물향 퍼진다
눈물꽃 떨어진다

봄이여

봄나물이 향을 내니
바람 끝이 향긋하다
겨울인 듯 봄인 듯 분간 못한
그날의 그 매서움
그날의 그 움츠림
그런 날들이 한순간 풀어지니
어제와 오늘의 시절이 다르고
봄나물의 몸무게가 다르다
꽃바람도 좋고
꽃향기도 좋고
벌들의 웅웅거림도 좋은
아, 좋은 시절
봄이여
봄날이여
묻노니
내 생애 봄날은 언제이런가

순천만 연둣빛 봄

연둣빛 봄 맞으러 순천만에 갔지요
제각각 차려입고 먼 길 날아온
수많은 사람들의 어우러짐이
모였다가 흩어지고 또 모이는
철새들의 군무처럼 아름다웠지요

겨우내
칼바람 견뎌낸 앙상한 갈대가
혼자가 아닌 여럿이라 외롭지 않았다고
철새들을 가슴에 품어 춥지 않았다고
내 귀에 속삭였지요

문득
지나간 나의 겨울이
강 건너 임을 보내고도 외롭지 않았음이
얼어붙은 강어귀에 서 있어도 따뜻했음이
순천만을 품어서였음을 깨달았지요

날개 없는 뭍의 철새들이
추억을 남기려 웃음꽃 피워내는
갈대숲 사이로
느린 걸음 걸으며 천천히 다가오는
연둣빛 말간 봄을 보았지요

바람이 전하는 이별의 서곡 앞에

다음 목적지를 의논하는 철새들의
목이 멘 이별 연가를
갈대의 가녀린 몸짓을 타고 흐르는
슬픈 하프 연주를 들었지요

이별 아닌 이별을 숙명처럼 여기고
또 하나의 만남을 기약하는
순천만 갈대숲에
연둣빛 말간 봄이
순한 사람들 찾아 다가옴을 느꼈지요

나의 온몸으로

사월 앓이

나 여기 또 왔소
정원의 꽃이 피는 사월
울 엄마
저 어두운 지하에 묻은 사월
지켜주지 못한 딸
함께 묻히지 못한 딸
마음만이라도
이 꽃들 속에 묻으러 왔소
꽃 좋아하시는 울 엄마
혹여라도
꽃들과 함께
이 딸을 기다릴지 몰라
그리운 맘 앞세워
나 또 이렇게
울 엄마 만나러 왔소
나 또 이렇게
꽃 피는 사월을 앓고 있소

오월의 멋

정오의 한낮
산들바람의 유혹에
기어이 꺾인 맘
숲의 늪으로 빠졌다

오동꽃 때죽꽃 아카시아꽃
일제히 지르는 함성에
덩달아 거세어진 바람
숲속에 꽃눈을 뿌린다

알싸한 오동꽃 향기
상큼한 때죽 향기
달큼한 아카시아 향기
숲속을 버무려
초록쟁반에 펼쳐놓으니

오호라
요것이 바로
오월의 진수성찬
오월의 멋이로구나

유월의 이야기

세심정(洗心亭)에 앉아
삶의 무게 내려놓고
마음을 씻으며
유월의 이야기에
귀 기울인다

광풍각[光風閣]을 돌아 불어오는
유월의 바람
내 고향 대숲 이야기
사락사락 들려주고
그리움 한 움큼
살갗에 흩뿌리고 간다

개울가에 피어난
연보라빛 아이리스
부러질 듯 가냘픈 몸
측은지심으로 안고
세심정에 누워
명경처럼 마음을 다스린다

욕심을 버린다는
그 어려운 욕심을
벗어 버리고
진흙탕 속에서도
맑게 향기롭게 피어난

저 부용정 수련

일월교 건너
연휘문을 통해 들어오는
너무 뜨겁지도
너무 차갑지도 않은
푸르디 푸른
저 유월의 바람

유월은 내게
저 부용정 수련처럼
저 유월의 바람처럼
그렇게 살라 한다
그렇게 쉬었다 가라 한다

칠월의 숲속으로

칠월의 솜사탕
자귀나무꽃 피어있는
숲속으로
그대 오시라

진분홍 레이스
목백일홍 두 팔 벌린
저 숲속으로
그대여 어서 오시라

떨어지는 빗방울
연못을 채우고
때 늦은 자목련
새처럼 내려앉은
칠월의 숲속

사랑의 임을 찾아
건너오시라
꿈꾸던 행복 찾아
건너오시라

비에 젖지 않을
우산을 쓰고
눈물에 젖지 않을
저 다리를 건너

칠월의 숲속으로
그대여 오시라
어서 오시라

여름

녹음이 짙푸른 무논에
여름이 홍건하다
아직 미숙한 초보 농부가
날을 바짝 세운 조선낫을 들고
실뱀처럼 긴 논둑에서
잡초를 벤다

농부의 낫질이 서툴다고
자전거를 타고 지나가던 아낙네가
한마디 던지고 웃는 소리에
참깨밭에 앉아 있던 잠자리가 놀라
공중에서 휘청거린다

벼인 척 시치미를 떼고 있던 피가
예리한 농부의 눈에 뽑혀
진흙투성이 하얀 뿌리를 내놓고
하늘을 향해 드러누운 논둑 위로
한 줄기 시원한 바람이 불어
홍건한 여름의 등을 쓰다듬는다

여름이
고추밭에 청실홍실 수를 놓고
참깨밭을 고소하게 볶음질 하면
고추잠자리
짙푸른 논 위를

빙빙 맴돌며 진통을 하다
이내, 누런 가을을 낳는다

가을 따러 가기

챙이 넓은 모자를 쓰고
수건도 하나 목에 걸쳐야지

긴 팔 셔츠에 토시도 하고
헐렁한 냉장고 바지를 입는 거야

흙이 묻은 면장갑을 끼고
이 빠진 대바구니도 허리춤에 껴야지

그리고
장화를 신고 총총히 들로 나가
영근 가을을 한가득 따오는 거야

참, 옹골지겠다

가을엔 그립다

귀를 막아도
늪가의 갈대들
보드라운 얼굴 부비며
따스하게 엉킨
달콤한 속삭임이 들린다

눈을 감아도
신작로 길 코스모스
한들한들 손 흔들며
긴 머리 소녀 배웅하던
어여쁜 그 모습 보인다

가을엔
귀를 막아도
눈을 감아도
첫사랑 같은 너
새벽의 햇귀처럼 떠올라
늘 나와 함께 있다

가을엔
달빛아래 소금처럼 빛나는
메밀꽃들만큼이나
넌 네가 늘 그립나

시월의 노래

금목서 향기에
가을이 익어가는
지금은 가을

갈대의 흔들림에
가을이 눕고
가을의 노래가
노을처럼 타오를 때
불현듯 찾아오는
가을의 몽유병

기우고 헤진
누더기 옷을 벗고
수채화 같이 투명한
가을을 입은
나는
두 발의 허수아비

꿈인 듯 아련한
가을의 언덕 위를
훤히 밝힌
노란 금목서 별들의
고운 향기 가득한
가을의 향연

하!
절로 고개 숙여
가을에게 하는
그 말
초대해주셔서 고맙습니다

금목서 향기 황홀한
지금은
꿈꾸는 시월입니다

가을에 기대어

만삭의 가을이
부른 배를 움켜쥐고
햇살 영근 언덕에 누워
해산을 하고 있다

톡
톡
터지며
씨앗 퍼트리는 소리

알맹이 다 내어주고
아무렇게나 매달린
빈 껍질
바람에 너덜거리는 소리

와락 달려드는
내가 나왔던
내 껍질
어디로 갔을까

바람에 너덜거리다
이내 떨어져
숨 멈추고 누워 있는
저기 저 배부른
만삭의 무덤 속

채우고 비우고
또 채우고 비워가는
우주의 이치를
우리네 인간사를

어느 날 밤
무덤 속 같은 어둠 밝히러 온
만삭의 달을 보거든
내 물어보리라

가을에 기대어

가을의 수채화

어느 임의 작품인가
하늘 땅
곱게 수놓은 수채화
햇살 바람
눈 맞춘 자리
붓끝에서 번지는 물감이 곱다

찬 기운 섞인 물감
상념에 젖은 가을 뜨락
안녕이라 말하기 전
영글은 속내 드러내고
외로워도 미소하라
찬바람 일으켜 화폭을 말린다

해질녘 노을보다
맑고 투명한 이 계절
물감 묻은 손 흔들며
아주 가는 것 아니라고
기약의 붓으로 그린 그림
가슴 언저리 액자로 걸어둔다

쓸쓸해도 슬프지 않은
영글은 추억의 계절
바라다 본 하늘 가
물감에 가린

투명한 가을 햇살
수채화처럼 수줍다

가을 화석

아직 가을이 남아 있는 길을 걷습니다
기차가 지나가는 소리에도
아직 가을의 여운이 남아 있습니다
계절이 지나가고
숱한 사람들이 지나간 자리에
떠나는 아쉬움이
보내는 서운함이
화석처럼 찍혀 있습니다
어차피 계절은 가고 오는 것
떠난다는 것과
보낸다는 것은
언제나 마음 한가득 허전함을 안겨줍니다
지천명, 하늘의 뜻을 알아갈 나이에
나는 나의 부족함을 알아갑니다
기차가 지나가 버린 철길 위로
가을의 전설이 현기증으로 쓰러지고
나는 가을의 화석 위에
그림자 같은 발자국 하나 남깁니다

가을 문턱

허리춤에 박을 달고
허옇게 분칠을 한 찬바람이
빨래 향기 폴폴 나는
고향집 앞마당에 섰다

더위에 숨이 가빠
비틀대던 여름이
그 모습에 헤실거리다
간짓대에 걸려 넘어졌다

고추처럼 붉던 얼굴
하늘처럼 물이 들고
몽롱함의 여정에서 깨어난 듯
박꽃 같은 미소를 짓는다

빨래가
고실고실 말라간다

만추의 서정

마로니에 나뭇가지에
짙은 가을의 끝자락이
황금빛 별처럼 반짝인다

그새 속살 드러낸 벚나무
노을을 베고 누워 길게 늘어지면
온종일
연못 속에 몸을 담근 수양버들
젖은 옷을 벗어 말리고
피곤한 발을 뻗는다

잠시 외출 나간 영혼이
해름참과 함께 돌아오면
떠나야 하는 것
보내야 하는 것들에 대한
상실감이
생의 뒤안길에서
추억을 안고 돈다

가을 멀미

한 송이
코스모스
흰여울에 띄우고

오롯이
가을 안은
꽃빛발을 보았다

가을의
둥둥개질에
어지럼꽃 피었다

아, 순천만

질퍽한 갯벌에 발이 묶인
어여쁜 나의 임이
먼발치에서 걸어오는 내게
연신 두 손을 뻗어
반가움에 겨운 손을 흔든다
어서 오라고

기다리다 지친
사랑하는 나의 임이
보고 싶었다고
왜 이제 왔느냐고
황금빛 물기 어린
가냘픈 몸을 떨며
온몸으로 나를 맞이한다

가슴이 벅차 눈물이 난다
갈바람에 산화한 갈대가
눈처럼 날리며
나를 품어주는
아름다운 순천만에서
나는 두루미처럼
꾸루룩 꾸루룩 울었다

이제야 찾아온
두 발 자유로운 내가

미안하고 부끄러워서
야윈 모습에 가슴 아파서
서산에 노을이 질 때까지
용서를 빌었다

제4부

꽃이 피는 것에 대하여

은은하고 고귀한
목련꽃 향기
꿈결처럼 나부끼고 있다

꽃처럼

이생에 어찌 살면
다음 생에 꽃이 될까

전생에 죄 많은 자
이생에 군주 되고
이생에 복 짓는 자
다음 생에 필부 된다 하네

꽃 좋아하는 나는 어쩜
전생에 나비였는지 몰라
꽃이 되고 싶은 나는 어쩜
다음 생에 꽃이 될는지 몰라

보고 싶어
향내 맡고 싶어
나비처럼 벌처럼 날아오는
저 뭍 영혼들의 날갯짓을 봐

시들어 가는 목숨 꽃
정원의 한 모퉁이
작은 꽃이라도 되고 싶은
저 우주의 먼지 같은 몸짓들을 봐

내게
무슨 꽃이 되고프냐

누가 묻는다면
나는
하얀 목련이 되고 싶다고
큰 욕심 부려 말하려네

아,
꽃이 되고 싶네
꽃처럼 살고 싶네

꽃이 피는 것에 대하여

오늘도
내 생애 점 하나 찍었다

꽃이 피어
아름다운 자태를 뽐내는 순간
나는 그 꽃을
얼마나 사랑스런 눈빛으로 바라보았던가
내게도 그럴 때가 있었다는 것을
까맣게 잊은 채

하나하나의 점들이 모여
선을 이루고
선과 선들이 이어져
우리네 인생이 된다면
나의 선은 어떤 선일지
때론 생각에 잠겨 본다

매화꽃이 피었단다
계절은 봄을 향해 달리고
내 인생은 지천명
가을의 오솔길을 걷고 있는 지금
꽃의 향기에 비할 바 아니지만
오솔길에 나부끼는 내 향기도
제법 근사하다

꽃이 피어 향기를 내는 것과
오솔길이 제법 근사하게
하늘의 뜻을 알아가는 것은
그대로의 한 점
그대로의 한 선이 되어
아름다운 인생을 이어가는 거라고
꽃이 피는 것에 대해 생각하며
소중한 점 하나 찍은 오늘

내 오솔길에
은은하고 고귀한
목련꽃 향기
꿈결처럼 나부끼고 있다

꽃이 하는 말

누구를 위해 피었느냐고
묻지 마라

그저 난
하얀 밤을 삼키는
그리움이고 싶고
조각조각 흩어지는
눈꽃이고 싶은 것이다

열망으로 가득 찬
시인의 마음이고 싶고
그 속에 파도처럼 부서지는
시어이고 싶은 것이다

하여
아무도 모르는 사이
슬프고 찬란히 피어
고독의 향기로 말하노니
향기에 귀 기울여 보라

외로움이 깊어
꽃이 되었다
부디 그 사연을
모른다 하지 마라

비는 내리고 꽃은 핀다

베란다 난간에
둥지 튼 화초들이
촉촉이 젖다 못해
영롱한 물기를 머금고
활짝 웃고 있다

막 잠에서 깨어 나와
사랑의 눈짓으로 바라보던 나도
덩달아 활짝 웃는다

삶이란 그런 것이다
순간순간 사랑하고
순간순간 느끼는 것
그리고 그 순간순간을
영원의 시간으로 이어가는 것

비는 내리고 꽃은 핀다
점점 굵어지는 빗방울 소리가
풍선처럼 부풀어 오른 나를
한 폭의 창문 안
수채화 속에 가둔다

후두둑 후두둑
화가의 손놀림이
이내 바쁘다

모두 다 꽃이지

세상에 꽃 아니 것 어디 있으랴
꽃처럼 보아주면 다 꽃이지
꽃이라 불러주면 다 피는 거지

어제는 그 가슴에서 피었던 꽃
오늘은 이 가슴에서 피어나고
내일은 저 가슴에서 피어나
향기로 세상을 채워가는 거지

꽃은 그러려고 피는 거지
마주보고
바라보고
서로 웃으며
서로 안으며
서로 위하며 피는 거지

꽃다운 세상에서
꽃이 되어
피었다 지고 싶은 우리는
모두 다 꽃이지

그 향기
내게서 났으면 좋겠어

풀꽃

주소는 없어도
계절마다 소식이 왔다

이름은 없어도
벌 나비들 찾아주었다

햇살이 싱싱함을 더하며
풀이라 하였다

바람이 향기를 전하며
꽃이라 불렀다

그래서 그 이름
풀꽃이 되었다

매화 이울어

매화가 피어서 겨울이 떠났다
오롯이
매화가 피어서 봄이 왔다
그 매화 이울어
봄도 시들어 가는가 했더니
그 매화 거룩히 이울어
더욱 찬란한 봄이 찾아왔다
목련이 피고
개나리 진달래가 피고
벚꽃이 피더니
사람들의 마음도 꽃이 피었다
하염없이 이어지는
끝나지 않는 꽃길
조팝꽃 눈꽃처럼 핀 저 모퉁이
매화꽃 이울었다고
꾀꼬리만 서럽게 울었다

매화가 운다

흠뻑 젖은 꽃잎
세우지 못하고
매화가 운다

떨어지며
떨어지며
빗물에 눈물 감추고
운다
운다

눈 속에 피어 고귀했던
내 봄날의 첫정이
빗속에서 서럽게
울고 있다

그 눈물
내 가슴으로
떨어진다
떨어진다

상사화

누구의 배반인가
누구의 잘못인가

애초에 정한 인연
땔 수 없는 한몸살이

어이해
만나지 못해
그리워만 하는가.

사랑도 아니어라
이별도 아니어라

서러운 사랑일랑
차라리 없게 하소

잎과 꽃
애만 태우니
이 무슨 형벌인가.

임이라 슬퍼라
못 만나 애달퍼라

마주보며 피고지고
천년만년 살고지고

상사화
얄궂은 운명
애간장이 녹는구나.

두견화 피던 밤

임을 잃은 설움이
한가득 북받쳤나 보다
두견새 밤새 울어
피를 토하고 죽던 밤
막 벙글어진 진달래는
영문도 모르고 피로 물이 들었다

그 고운 아사 저고리 피로 물들어
영문도 모른 채 두견화가 되던 밤
푸르스름 달빛은
진달래 한 가지 꺾어 흔들며
두견새의 혼[魂]을 부르고
그 넋을 하늘에 고했다

두견새 이승의 강을 건너고
진달래 두견화가 되던 그 밤
달빛은 상주가 되어 곡을 하고
진달래는 상여꽃이 되던 그 밤
천지는 온통 진혼곡이 울려 퍼졌다

이젠
두견화 피어도
두견새는 울지 않는다

가을꽃

정말 예쁘구나
빨강 주황 노랑 연두
그리고 갈색
오색 빛이 어우러진 숲 속에서
나는 한낱
두 발로 서서 걷는 나목과 같구나

푸르렀던 너희들의 청춘에
모지랑이 되며 견뎌낸
인고의 세월에
뜨거운 입맞춤을 한다

아름다운 것은
다 꽃이라 하더라
이제 너희들을
가을꽃이라 하련다
누군가 단풍이라 써도
나는 가을꽃이라 읽으련다

목련꽃 아래서

목련은 피는데
나는 눈물이 난다
내 고향 뜨락에 핀
하얀 목련 보고파서
눈물이 난다
달큼한 향기
온몸에 감고파서
눈물이 난다
흰 꽃등 밝히고
나를 기다릴 목련
추억 속 일기처럼
새록새록 피어나는 목련
그 목련 그리워서
눈물이 난다
목련꽃 아래 서면
나는 그냥 눈물이 난다

수국

너로 인해
여름이 탐스럽다
생각했다

인간의 탐욕에
갈래갈래 찢기어
붉으락푸르락 변해가는
너의 반란을 모르고

원하지 않는
화려한 옷을 입고
열매 맺기를 잊어버린
사랑마저 거세당한
가여운 석녀

너는 꽃이 아니라
작은 꽃을 감싸 안은
꽃받침인 것을

사랑할 수 없는 가슴으로
서럽게 흘린
여름의 장맛비 같은
눈물인 것을

할미꽃

무덤가 양지쪽에
봄볕이 따사롭다

햇살이 눈이 부셔
눈 절로 감기던가

온종일
고개 숙인 채
졸고 있는 할미꽃.

꽃피워 젊을 때도
그 이름 할미꽃

꽃잎 져 백발에도
그 이름 할미꽃

할머니
그 모습 닮아
할미꽃 된 할미꽃.

한순간 고개 들어
사방을 둘러보니

젊음은 간데없고
백발이 성성이라

허무한
세상 끝으로
흩어지는 할미꽃.

개꽃

참꽃의 한 시절
그 눈부시게 청초한 세월 내내
울컥울컥 차오르는 시샘을
꽃바람으로 달랬던 너다

더 고와지고자
더 향기로워지고자
땅밑의 거센 기운을 몰아
봉오리로 올리고
동트기 전 매운 바람도
인내하며 마셨던 너다

그래서 너는
참꽃보다 더 붉고
참꽃보다 더 억세고
참꽃보다 더 독하게 피었다

가슴 태우던 세월만큼
시선 받지 못함에
밤을 새워
진한 울음 토하며
피눈물 쏟고 있는 너다

스스로 독해지며
위로 자라지 못하고

앉은뱅이 꽃으로 눈치만 보다
작은 생명을 꼬여
눈물로 해코지하는 너다

독한 눈물에 젖어
발버둥 치던 생명이
아무도 불러주지 않는
개똥이처럼 개떡처럼 천한
너의 이름을 부르며 눈을 감는
너는 가여운 개꽃이다

수선화

아직 매서운 바람 끝
흔들리는 외로움에
외 가슴 웅크리고 핀
신화 속 슬픈 영혼

다를 바 없지만
다른 것인 양 착각하고
홀로 사랑에 빠진 채 지새우는
영혼 없는 밤

다음 날도
그 다음 날도
자신이 누군 줄 모르는
거울 속 자아도취

자기만의 세상 속에서
자기 모습에 빠져
사랑하고 그리워하다 죽는
가여운 넋

가질 수 없는 사랑
느낄 수 없는 향기로
가뭇없이 사라진
외로운 사랑의 종말

다시 꽃으로 피었어도
끝내 자유하지 못하고
적막한 웃음으로 떨고 있는
애달픈 나르시스

그대 이름
수선화

호접란

그녀의 미소가
자지러진다

겉 꽃인지
속 꽃인지
아무렇게나 피어도 이쁜
부겐빌레아처럼

보랏빛으로
흰빛으로
아무렇게나 빛나도 이쁜
부룬펠지어처럼

그녀의 미소가
어여쁘다

한 겨우내
거실을 빛내주는
사랑스런 몸짓
천상에서 날아온
나비의 군무

그녀의 날갯짓에 또
한 여인이 자지러져
시가 된다

연(蓮)

기다란 꽃대궁 끝 오묘함
측량할 길 없는
우주의 이치
겹겹이 열반에 들었다

억겁의 세월
바위처럼 눌린 백팔번뇌
물꽃인 양 겸허이 피었어도
두 손 가득 받쳐 든 고귀함
진흙 속 진주로 빛난다

눈으로 보고
귀로 들리는 것 말고
무엇이 더 있으랴
연못 가득한 꽃잎
허상 아닌 실상으로
나비잠을 잔다

구철초

구절초 허리춤에
내 마음 매달고
오도 가도 못한 채
바라만 본다오

갈바람 불 때마다
흔들리는 그 사연
가슴 열어 안으려니
눈물이 나네요

구구절절 사연 많아
구절초라 한다면
그 사연에 아픈 나는
무엇이라 할 거나

하얀 목련

가슴 속 못다 한 이야기
하얀 꽃등으로 띄우고
허공에 임을 기다리는
순결한 영혼아

한 사랑만을 품은 죄
가슴을 베이고
가슴을 태우며
가슴에서 죽어간
끝 모를 그리움아

누구도 범할 수 없는 숭고함
누구도 넘볼 수 없는 고귀함
북녘하늘 별이 되어 지키는
임 향한 일편단심아

비에 젖은 껍질 벗어
향기 드러낸 뽀얀 속살에
그리움을 문신으로 새기고
미련 없이 사위어가는
사랑의 아리아야

도라지꽃

돌아오라지
돌아오라지
이제나 저제나
돌아오라지

하늘의 별도
나신으로 지새고
풀벌레도 짝을 부르는
성하의 밤

애오라지 기다림
지상의 별 되었네

돌아오라지
돌아오라지
오늘도 내일도
돌아오라지

채우고 또 채워
더는 채울 수 없는 그리움
끝내
툭 터져

지상의 별 되었네
도라지꽃 되었네

동백

가장 아름다운 순간
눈물처럼 지는 꽃

낙화암에 몸을 던진
삼천궁녀처럼
가장 화려한 순간
후두두 떨어지는 꽃

나무에서 한 번
떨어져서 한 번
보는 이의 가슴 속에
다시 또 한 번
세 번 피었다 지는 꽃

붉은 선혈
첫 생리로 쏟아내고
비로소 여인이 된 후
서둘러 져버린
영원히
눈물이고 그리움인 꽃

부겐베리아

와인 빛
와온 바다처럼
붉은

정열의
부겐베리아

사랑의 마음
접어접어 피우며
어느 임을 기다리나

그리움 방울방울
연서로 띄워
영원한 사랑 노래하는

와인 빛
와온 바다에 젖어
붉은

정열의
부겐베리아

아마릴리스

거침없이 뻗은 숭고함
하늘에 고해
여문 꽃을 피우려는구나

꽃대궁 속살을 갉아먹고
허기로 쓰린 아픔일랑 참으며
텅 비워내는 그 순간

절망을 딛고 다가오는 환희

까만 숯검댕이 같은 마음
벌겋게 태우며 타오르던
어설픈 나의 노여움
어색하게 뛰던 나의 왼 가슴

아마릴리스
담대한 꽃을 내 속에 들여놓고
노여움의 심장을 다독이는

아, 파리한 나의 심사여

김 오 순 시집
날개 없는 나비

2019년 12월 1일 초판 인쇄
2019년 12월 5일 초판 발행

지 은 이 ‖ 김 오 순
발 행 인 ‖ 정 병 국

펴 낸 곳 ‖ 도서출판 지식과사람들
등록번호 ‖ 제2-3436
주　　소 ‖ 서울 중구 충무로 2길 20(충무로4가 3층)
대표전화 ‖ 02-2277-7674
E-mail ‖ jisik1198@naver.com
ISBN ‖ 978-89-94571-45-4

값 10,000원

※이 책은 문화체육관광부와 전남문화관광재단의
후원을 받아 제작하였습니다.

.인지는 저자와의 합의로 생략합니다.
.잘못된 책은 교환해 드립니다.